DES PARTIS

ET

DE LA MODÉRATION,

OU

RÉFLEXIONS

ADRESSÉES

AUX ÉLECTEURS DE TOUTES LES OPINIONS;

PAR Mr C. D.

Laissez l'Eglise en paix et je vous y laisserai de bon cœur ; mais pendant que vous ne travaillerez qu'à y entretenir le trouble, ne doutez pas qu'il ne se trouve des *enfans de la paix* qui se croiront obligés d'employer tous leurs efforts pour y conserver la tranquillité.

(PASCAL, 18e Provinciale.)

———◆✳◆———

A PARIS,

CHEZ CHANSON, IMPRIMEUR-LIBRAIRE,
Rue des Grands-Augustins, n° 10 ;

DELAUNAY, libraire, Palais-Royal, galerie de bois ;

Melle GOULLET, libraire, Palais-Royal, galerie de bois ;

ET CHEZ LES MARCHANDS DE NOUVEAUTÉS.

M. DCCC. XXI.

DES PARTIS

ET

DE LA MODÉRATION.

———

Une chose digne de remarque, c'est le calme qui règne depuis quelques mois dans le domaine de notre politique intérieure. Les élections, qui l'an passé firent naître tant de brochures, n'ont pu cette année triompher de la stérilité de nos publicistes, stérilité sans exemple depuis la restauration.

Les amis de l'ordre et de la paix sont loin de s'en plaindre ; car nos faiseurs ordinaires de pamphlets électoraux, et d'articles politiques, sont plus souvent les organes d'un parti, que de la vérité : leur silence n'est pas toujours une calamité déplorable.

Mais après une session si prolongée, et pendant laquelle il s'est dit à la tribune tant de choses capables de pervertir et d'égarer l'opinion publique, il serait peut-être convenable qu'un écrivain modéré, qu'un homme libre de tout engagement de coterie ou de faction, profitât du moment où il trouve le champ libre pour publier quelques réflexions impartiales sur les élections prochaines ; objet qui touche de si près à tous les intérêts de la France.

Malheureusement les écrivains modérés sont rares, et assez peu jaloux de compromettre leur repos dans les débats de la politique. Cette réserve tient à la nature même de leurs opinions ; mais l'excès en est blâmable ; car, en quittant la partie, ainsi qu'ils l'ont fait depuis deux ans, ils ont compromis la noble cause de la modération. Elle n'est cependant pas si désespérée qu'elle ne puisse se relever encore : mais elle aurait besoin de tout leur talent ; tandis que satisfaits de faire en secret des vœux pour son triomphe, ils ne se présentent point dans la lice. Depuis deux ans, les partis y dominent sans être combattus.

Je n'ai point assurément la confiance d'entreprendre avec succès une tâche aussi difficile que celle de les combattre ; mais je les démasquerai du moins ; et soutenu par ce sentiment intérieur qui n'abandonne jamais

(5)

l'homme de bien dans une entreprise estimable, j'oserai présenter quelques réflexions
que je crois utiles, sur la grande question, qui
doit occuper, dans quelques jours, une partie
des électeurs du Royaume.

Ces réflexions qu'on trouvera sans doute
rédigées sans art, ne sont pas des idées
conçues d'hier, qu'on s'est empressé de confier à la presse ; elles sont le fruit de huit
années de méditations en présence des évènemens : elles sont le résultat de fréquens
entretiens avec des hommes éclairés de toutes
les opinions, et dont plusieurs ne sont pas
étrangers à la pratique des affaires de l'État.

Auditeur assidu et attentif des débats de
la chambre des députés, je me suis convaincu
que les divergences d'opinions qui parta-
geaient cette assemblée, partagent dans la
même proportion numérique la population
électorale de la France.

Plaçons-nous un moment dans la tribune
des spectateurs, et nous verrons cette chambre divisée de la manière suivante.

A l'extrème gauche siégent des hommes,
que leurs adversaires appellent indifférem-
ment libéraux, indépendans, jacobins, révolutionnaires, factieux même. On n'ose pas
dire que ces hommes-là ne veulent point de
la dynastie des Bourbons ; car dans tous leurs

.discours officiels, ils protestent de leur attachement pour elle; et ils la toléreraient bien
autant qu'une autre famille royale, s'ils la
tenaient humiliée comme celle des Bourbons
d'Espagne. Ils cherchent à entraver le gouvernement, pour parvenir à une véritable république avec un roi sans consistance et sans
dignité.

A droite, tout-à-fait en face, se trouvent
d'autres hommes que leurs ennemis ont suc-
cessivement appelés jacobins blancs, ultras,
immobiles, hommes monarchiques, contre-
révolutionnaires (car la langue des partis
n'est jamais pauvre en fait de qualifications
injurieuses). Ces députés-là, dont la plupart sont des particuliers sans reproche,
attaquent, avec un empressement sans égal,
le gouvernement, qu'ils ne laissent pas,
dit-on, d'embarrasser beaucoup, parce qu'ils
sont plutôt à son égard des amis fâchés que
des ennemis irréconciliables. Ils attaquent
le ministère, et ne voient pas que, s'ils parvenaient à le renverser, les portefeuilles, les
hautes places, tomberaient au profit d'une
quarantaine d'hommes qui, soit dans les
chambres, soit au dehors, se sont, malgré des
antécédens tant soit peu révolutionnaires
ou bonapartistes, fait royalistes] exagérés,
pour ne pas cesser de dominer et d'exploiter

à leur profit un despotisme quelconque. Peut-on dire ce que serait une administration ainsi composée ? serait-elle bien digne des gens passionnés, mais, il faut toujours le reconnaître, fort estimables, qui prétendent servir le roi, en ne voulant pas entrer dans l'esprit de son gouvernement ? Pour répondre à l'attente des honnêtes gens parmi lesquels ils se sont faufilés, nos quarante de l'exagération monarchique se dépêcheraient bien vite de détruire tout ce qui dans la Charte gêne les royalistes ardens et leur déplait. Que deviendraient alors les garanties données à une nation séparée pendant vingt-cinq ans de son roi ? Sans doute on verrait les caprices inconstans de la cour, et le despotisme intolérant d'un clergé ultramontain, prendre la place de notre constitution sage, régulière et monarchique. Des Letellier, des Terrai, des Maupeou, ne manqueraient pas pour mettre la main à l'ouvrage : de tels ministres épuiseraient sans contrôle la royauté et les tributs du peuple ; car les grands corps judiciaires ne seraient plus là, pour faire au moins d'importunes remontrances. Nous verrons tout-à-l'heure quels seraient les résultats d'un pareil ordre de choses.

Si les libéraux exagérés qui combattent habituellement les ultra-royalistes, mais avec lesquels ces derniers ne dédaignent pas de voter quelquefois contre les ministres, si dis-je, les libéraux exagérés parvenaient à l'aide d'une multitude déchaînée et d'une jeunesse qu'ils auraient arrachée à ses études, à s'emparer du gouvernail de l'Etat, il y aurait bientôt relâchement dans tous les ressorts de l'administration, anarchie dans la capitale, mouvemens en sens divers dans les localités éloignées; enfin désunion entre les chefs du parti vainqueur : car les libéraux dont je parle sont, dit-on, très-d'accord pour ce qu'ils ne veulent pas en fait de gouvernement, mais non pas autant pour ce qu'ils veulent.

Supposons, au contraire, que le côté des royalistes qui le sont plus que le roi, obtienne le dessus : il y aurait alors contre-révolution complète, réaction, retour des abus de l'ancien régime, sans que les honnêtes gens qui nous les auraient rendus, eussent le pouvoir de nous en rendre les paternelles et antiques franchises et garanties. Un pareil état de choses amènerait bientôt une guerre civile; et ceux qui l'auraient causée, par leur administration impolitique et passionnée, ne diraient pas six mois : *Nous sommes les plus forts et les plus nombreux.*

Dans l'un et l'autre cas, le despotisme militaire viendrait terminer la querelle, et mettre tout le monde d'accord en privant la France des libertés que nous pouvons encore conserver aujourd'hui, si nous savons, électeurs modérés, refuser nos suffrages aux hommes de l'une et de l'autre faction (1).

Il me faut bien parler de l'invasion étrangère, argument rebattu, fâcheux, importun à notre juste orgueil national; mais que deux funestes expériences rendent trop présent à l'esprit de l'homme qui examine de bonne foi les dangers de notre position.

---

(1) Les royalistes sages seront sans doute choqués de m'entendre appeler faction l'exagération de leurs principes. J'avoue que je le fais plutôt pour la commodité du discours que pour l'exacte vérité. Le mot coterie peindrait mieux le très-petit nombre de royalistes dangereux par leur aveuglement, que je veux signaler; mais comme il entraîne avec lui une idée de dédain, je me fais scrupule de l'employer pour des hommes, chez quelques-uns desquels cet aveuglemens, n'est que l'exagération de la vertu.

On ne doit pas regarder cette classe d'exagérés comme de véritables factieux : qui dit factieux, dit un homme, qui veut *immédiatement* renverser le chef du gouvernement. Tel n'est certes pas le dessein des ultra-royalistes, mais on ne saurait trop le dire, le triomphe de leur politique amènerait *mediatement* à la vérité, mais très-prochainement toutes fois les périls les plus imminens pour le trône.

Le triomphe des ultras comme celui des libéraux exagérés, en amenant ainsi l'anarchie et la guerre civile, produirait en France des commotions dont l'Europe s'alarmerait à bon droit; et si une troisième invasion avait lieu, les étrangers ne se contenteraient pas de ravager timidement nos campagnes, de piller frauduleusement nos monumens, et d'exiger diplomatiquement nos trésors : un partage semblable à celui de la Pologne, ou du moins la dislocation de nos provinces-frontières, voilà ce que nous aurions à craindre.

La France serait bien malheureuse si les deux factions extrêmes siégeaient seules dans la chambre des députés; mais à côté des ultras de l'un et de l'autre schisme, siége une imposante majorité d'hommes qui seuls représentent véritablement la nation, et qui seraient aussi forts dans la chambre comme dans les colléges électoraux, s'ils étaient constamment unis.

Ces hommes sont au centre droit les royalistes modérés, et par conséquent constitutionnels; ils n'ont l'air de marcher avec les ultra-royalistes, que parce qu'ils redoutent les libéraux.

Ces hommes sont au centre gauche les libéraux modérés, et par conséquent amis de l'ordre et de la légitimité; ils n'ont l'air de marcher avec l'extrême gauche, que parce qu'ils redoutent les dangereuses conséquences de l'union d'un ministère faible avec les ultra-royalistes.

Ce n'est pas que la dernière session n'ait offert plus d'une circonstance où ces deux portions modérées de la chambre, si injustement tournées en ridicule et calomniées par les deux partis qui redoutent leur force, ont voté réunies; alors la majorité était immense; et les idées les plus sages et les plus conciliantes l'emportaient sur les propositions funestes des deux minorités.

Malheureusement les honorables membres qui composaient l'un et l'autre centre s'abstinrent trop souvent de parler. Les doctrines funestes, les allégations fausses et perfides émises par les deux exagérations, et surtout l'abus qu'elles fesaient des plus excellens principes, sont la plupart du temps restés sans réponse; ainsi l'opinion publique, pour être éclairée sur la plupart des questions agitées pendant cette session, a manqué des lumières qu'elle aurait puisées dans une discussion également soutenue de part et d'autre. Les votes sont des réponses pour la chambre seulement; mais non pas pour les citoyens qui ont droit de demander à un député autre chose qu'un scrutin secret.

Mandataire reconnaissant et zélé ; le député doit à ses commettans la manifestation et la défense solennelle des principes qui lui ont mérité leurs suffrages.

Ce que j'ai vu dans la chambre, je le vois dans la nation, je le vois dans la composition des colléges électoraux. Les citoyens paisibles et modérés, quelle que soit d'ailleurs la tendance de leur opinion, y sont en majorité. Heureux les colléges où les hommes exagérés de l'une et de l'autre couleur obtiendraient peu d'influence ! On pourrait répondre d'avance que les choix de ces colléges seraient excellens.

Mais il faut bien le reconnaître, tout favorise cette influence funeste. Les exagérés, toujours assez peu nombreux pour bien s'entendre et bien lier leur partie, n'épargnent aucune manœuvre, aucune sollicitation ; et ils obtiennent facilement les suffrages d'une foule d'hommes, chez qui la modération n'est qu'une qualité négative. D'ailleurs, un électeur modéré par caractère et par opinion, ne peut se défendre de quelque complaisance pour le candidat dont il partage les princi es ; et il ferme aisément les yeux sur l'abus qu'on en peut faire. Il se dit d'ailleurs : il vaut mieux donner ma voix à un fervent sectateur qu'à un adversaire de mon opinion.

Electeurs modérés, qui donc vous a im-posé cette alternative? Qui vous oblige à ne chercher des candidats qu'à l'extrémité de la ligne où vous place votre opinion? Que ne choisissez-vous au milieu de vous-mêmes l'homme qui professera sans les exagérer, et par conséquent sans les compromettre, les principes qui sont dans vos cœurs?

Ne reconnaissez de constitutionnels, que parmi ceux qui, comme vous, ne séparent pas l'amour du roi et de l'ordre, de leur attache-ment pour la charte.

Ne reconnaissez comme vraiment royalistes que les hommes qui se sont attachés à la charte, comme ils l'ont toujours été à son auguste auteur.

Je sais bien qu'aujourd'hui les hommes de parti, instruits par huit années d'expérience et de combats, dans lesquels ils ont tour-à-tour été vainqueurs et vaincus, se sont fa-çonnés à quelques ménagemens politiques. Ils ont appris à dissimuler ce qui pourrait trop bien avertir de leurs desseins secrets, et leurs adversaires, et la nation et le roi, de qui les deux factions que je signale sont égale-ment ennemies. Pressés de trop près par leurs antagonistes, les ultra-libéraux crient *Vive le Roi!* et les ultra-royalistes *Vive la Charte!* à-peu-près comme un ennemi qui a surpris le mot d'ordre, le prononce pour s'introduire dans la place.

Mais le masque de ces prétendus royalistes, et de ces prétendus constitutionnels, tombera devant vous, électeurs, si, mettant à vos fonctions toute l'importance et toute la sévérité d'un juge intègre, vous ne craignez point de prendre la peine d'examiner toute les pièces du procès.

Quelle que soit votre opinion, quand un candidat se met en avant, demandez-vous d'abord : Est-il dans sa conduite privée un homme honorable? jouit-il d'une véritable considération? a-t-il ce qu'on appelle de la consistance ou comme propriétaire, ou comme négociant, ou même comme fonctionnaire public? sa fortune est-elle bien à lui; est-ce bien lui qui paie ses impôts, ou n'est-il que le prête-nom d'un ambitieux qui s'épuise pour soudoyer des intrigans et des pamphlétaires?

Enfin, dites-vous : aimerais-je à avouer ce candidat pour mon parent? consentirais-je à en faire mon gendre? oserais-je lui confier le dépôt de ma fortune? Si la réponse à toutes ces questions sur l'homme privé, est négative, n'allez pas plus loin, ne cherchez pas même à connaître quel est l'homme politique qui se présente. Un particulier méprisable ne peut être un bon législateur, quelque soit d'ailleurs son talent. Votre probité, et j'ose le dire, le respect humain, vous défendent de lui donner votre voix. Mirabeau, après avoir attaqué la cour, se vendit à la cour : factieux, il fit un mal incalculable ; ramené par l'or corrupteur, il ne put le réparer.

Défiez-vous toujours, électeurs, de ces hommes dont les principes sont si sévères et dont la conduite ne fut pas toujours nette. Ils ont leurs bonnes raisons pour se placer sous les bannières de la religion et de la morale ! Mais nous n'en avons pas de moins bonnes pour les démasquer. Je me défie d'un homme qui veut aujourd'hui enrichir des moines, et qui, il y a huit ans, n'allait jamais à la messe. Je me défie de ces gens qui, après avoir été ministres ou ministériels, font à outrance la guerre à une administration d'où ils sont sortis un peu malgré eux. Electeurs, ce sont des ambitions plus nobles qu'il vous faut seconder par vos suffrages.

Si la réponse à toutes les questions sur l'homme privé est au contraire favorable au candidat, poursuivez votre examen et demandez quels sont ses antécédens politiques.

Electeurs constitutionnels, qui dans les colléges vous placez immédiatement à côté des royalistes sages et modérés, vous n'irez pas chercher vos candidats à l'extrémité de vos rangs, parmi les hommes qui exagèrent vos opinions. Croyez-moi, les ultra-libéraux ont beau adoucir devant vous leur langage, ce n'est pas dans la fraction peu nombreuse qu'ils ajoutent à votre majorité que vous trouverez les dignes représentans de vos principes, les interprètes sincères de vos vœux, et les mandataires fidèles de vos intérêts. Prenez la contre-partie des reproches que vous pouvez à bon droit adresser au parti des ultra-royalistes, et vous pouvez l'appliquer à ces autres ultras qui poussent à l'excès et dénaturent vos sentimens constitutionnels.

> *Mutato nomine de te*
> *Fabula narratur.....*

En effet compromettre ce qu'ils prétendent aimer exclusivement, tel est le travers de ces deux partis ; leur crime est de vouloir détruire, malgré leurs protestations réciproques, ce qu'ils ne peuvent aimer dans le gouvernement du roi. Les libéraux *ultras* chérissent la légitimité comme leurs ardens adversaires aiment la charte. Les premiers tolèrent en attendant mieux la royauté d'un Bourbon ; ils voudraient l'enchaîner, en sacrifiant en toutes occasions le pouvoir monarchique au pouvoir populaire : les seconds voudraient mutiler la charte, et l'anéantir au profit d'une classe de citoyens. Ils ne sont pas plus constitutionnels les uns que les autres : car prétendre, ainsi que le font les libéraux exagérés, tirer de la charte un gouvernement presqu'entièrement démocratique, n'est-ce pas chercher à la renverser? C'est détruire l'édifice en prétendant changer ses appuis. Composée d'élémens monarchiques, aristocratiques et démocratiques, sagement pondérés, notre pacte constitutionnel veut nécessairement l'existence simultanée de ces trois principes : en modifier, en exclure un seul, ce serait les menacer tous à la fois.

Ainsi réclamer contre la manière dont la Charte a été promulguée (1); s'élever contre la noblesse ancienne que la Charte a recréée en conservant la nouvelle; disputer au Roi le

---

(1) « Le Roi est ramené dans sa Capitale.... Il sentit
» qu'il fallait faire des concessions et limiter son auto-
» rité, afin d'intéresser la majorité des propriétaires au
» soutien du trône. C'est dans cet esprit qu'il donna la
» charte : *il la donna au lieu de la recevoir, et ce fut*
» *un trait de génie* : car tout monarque qui donne ses
» droits à discuter à une assemblée législative, est un
» monarque détrôné ».

Ce passage est extrait d'une excellente brochure dont l'auteur mérite de faire autorité parmi les libéraux raisonnables : elle est de M. le général Rogniat, et a pour titre *Situation de la France en* 1817. (Paris octobre 1817).

2

droit de faire des traités, de disposer des grades de l'armée et des emplois de l'administration, sauf la responsabilité ministérielle ; approuver hautement des gouvernemens fondés sur la révolte armée ; affecter de confondre la rebellion avec l'héroïsme ; oser appeler le régicide une opinion ; proclamer encore une fois l'insurrection comme un devoir : appeler enfin comme auxiliaire de sinistres desseins, cette jeunesse française qui depuis trente années de révolution était demeurée exempte et vierge de tout égarement politique : ces paroles prononcées du haut de la tribune, soit en 1820, soit en 1821, ne sont-elles pas autant de blasphêmes contre l'esprit et la lettre de la charte ? (1)

Dites-moi, électeurs constitutionnels, un pareil langage est-il bien rassurant pour la nation ? Ne tend-il pas à remettre tous les élémens du gouvernement et de l'administration en question, comme en 1789 ? Et si les hommes qui ne craignent pas de manifester des pensées aussi inconstitutionnelles, parvenaient jamais à former une majorité, ils renverseraient donc tout d'un coup cette

______

(1) Voyez les Moniteurs de 1820 et 1821 ; vous y trouverez tous ces discours dans l'analyse des séances de la hambre des députés.

Charte dont ils paraissent si peu satisfaits ?
Que prétendraient-ils mettre à la place ? La
république ? Le despotisme ? Qu'importe ?
Un peu plus tôt, un peu plus tard, la nation
n'en perdrait pas moins, sans retour, la part
de liberté que Louis XVIII est venu donner
à la France pour le bonheur du peuple,
comme pour la sûreté du trône.

Electeurs, éloignez-vous donc, d'exagérés,
qui, sous la bannière des idées libérales se
montrent aussi dangereux que les révolutionnaires de 1792, puisqu'ils paraissent tout
aussi disposés à sacrifier les générations à
leurs principes, puisqu'ils ne voient dans la
Charte qu'un moyen de lutte perpétuelle
contre le gouvernement dont elle dérive.

Mais qué sont après tout ces libéraux si
zélés pour une indépendance anarchique, en
même temps qu'ils se montrent si dédai-
gneux de cette liberté sage dont nous jouirions
depuis huit ans sans restriction, si les deux partis *ultras* nous l'avaient permis ? La faction de
ces libéraux exagérés, ou plutôt leur fraction
comparée à votre nombre, électeurs constitutionnels, se compose de trois sortes d'hommes,
différens de conduite, différens surtout de
principes ; mais très-d'accord aujourd'hui
pour combattre le gouvernement du Roi.

Dans ce groupe j'aperçois d'abord de vieux

jacobins sans talens, et que Napoléon laissait vieillir au sein de la disgrâce et de l'oubli, ou végéter avec d'obscurs emplois. On les voyait craintifs, silencieux et soumis sous le joug d'un soldat : ils sont redevenus insolens et factieux sous le sceptre paternel du frère de Louis XVI.

Près de ces anciens de la révolution, je vois quelques hommes systématiques qui, rêvant de chimériques perfectionnemens, ne sont jamais satisfaits du gouvernement sous lequel ils vivent.

Il suffit de nommer ces deux espèces de gens pour que la conscience repousse les premiers de toutes les listes électorales, et pour que le bon sens en écarte les seconds.

Ce n'est pas cette année sans doute qu'on verra se renouveler le scandale de ces élections qui rappellent ou le 21 janvier, ou les massacres de Saint-Domingue.

Ce n'est pas non plus après trente ans de révolutions que des électeurs éclairés, raisonnables, voudraient compromettre leur fortune, leur repos et leur industrie, en donnant leurs suffrages à des spéculateurs sourds à la voix de l'expérience, et tout disposés à lancer de nouveau le vaisseau de l'Etat sur la mer orageuse des essais et des systèmes.

Arrivons enfin aux hommes qui composent

la troisième classe de nos libéraux exagérés : ils sont de toute la faction les plus forts, les plus nombreux, les plus habiles. Ce sont d'anciens fonctionnaires de Buonaparte, que le gouvernement du Roi n'a pas dû ou voulu employer, soit parce qu'ils avaient des anté-cédens trop peu en harmonie avec la restau-ration, soit parce qu'ils jouissaient même sous l'empire de trop peu de considération, soit enfin parce qu'ils eurent des ennemis per-sonnels dans les conseils du monarque légitime.

Quoiqu'il en soit, le dépit de ne pouvoir rien être sous un régime constitutionnel, a, du jour au lendemain, changé ces amis du despotisme en amans d'une liberté désor-donnée.

Déjà plus d'un collége électoral s'est laissé éblouir par le zèle de ces nouveaux convertis. Ainsi la chambre a été affligée de l'élection d'un de ces marquis si fiers du diplôme de baron d'empire, et qui, depuis le retour du Roi légitime, ne veulent plus porter le titre honorable et en quelque sorte historique de leurs ancêtres. Ainsi, d'autres électeurs que vous ont, par une inconcevable inconsé-quence, été chercher leurs mandataires dans une administration qui, sous Buonaparte, n'entravait pas seulement la pensée écrite, mais encore la parole des entretiens intimes.

Sans revenir sur le passé, auquel il faut se soumettre, connaissez seulement ce qui a lieu autour de vous. Voyez cet ancien préfet de l'empereur : il vient vous visiter sans façon, il embrasse vos enfans, il vous prend affectueusement la main : vous êtes électeurs, il veut être élu.

Il y a dix ans, quand vous aviez besoin de lui, il vous faisait faire anti-chambre; il vous écoutait avec hauteur : il persiflait en vous donnant un refus; et vous répondait à peine quand vous réclamiez pour vos malheureux fils qu'il faisait garroter comme de vils animaux, et que son zèle ajoutait au contingent des conscrits exigés. Mais alors, M. le baron n'était que préfet et il voulait avoir la clef de chambellan.

Un tel homme n'aura pas vos suffrages : vous ne les donnerez pas non plus à ceux qui lui ressemblent. A toutes les sollicitations de ces tyrans subalternes dont la métamorphose en libéraux a été si prompte, vous répondrez : « Nos frères les royalistes raisonnables ne veulent pas d'un député plus royaliste que le roi; souffrez que nous ne voulions pas d'un mandataire plus constitutionnel que la Charte. »

Electeurs constitutionnels, bien que l'espèce de libéraux que je vous signale ici ne fasse après tout qu'exagérer vos propres sentimens, je veux vous forcer de convenir avec moi qu'ils sont encore plus dangereux peut-être que les ultra-royalistes que vous n'aimez guère, et qui vous le rendent bien.

Ils sont plus dangereux, parce qu'ils sont plus habiles, parce qu'ils parlent aux passions de la multitude, et surtout parce qu'ils savent merveilleusement tirer parti des fautes de leurs adversaires, qui, je l'avoue, en commettent beaucoup. En effet, chez la plupart des ultra-royalistes l'exagération est le fruit de l'emportement d'un cœur aigri, et d'une tête fanatisée. Chez les buonapartistes, devenus libéraux, l'exagération n'est qu'un calcul de position et qu'un moyen hostile d'opposition au gouvernement royal. Avec quelle séduisante emphase ils savent faire dé-river les plus funestes conséquences des plus excellens principes ! Avec quel art leurs ora-teurs et leurs écrivains font usage de l'arme des insinuations. Dans les discussions difficiles comme ils savent déplacer la question, repous-ser par une attaque imprévue l'argument au-quel ils ne peuvent répondre, et faire prendre ainsi le change aux public témoin de la dispute !

On voit les plus beaux talens, les hommes les plus considérables de cette faction, s'ap-pliquer à déconsidérer les tribunaux, afin d'émousser le glaive que la justice tient levé contre les délits politiques. On les voit encore se faire un point d'honneur de refuser aux magistrats les dépositions qu'ils ont droit d'exiger de tout citoyen : ils oublient donc qu'un législateur doit être le premier à donner l'exemple de la soumission à la loi!

Cette tactique leur a malheureusement trop bien réussi. Quand on disait jadis : cet homme est mal avec la justice; on l'avait déshonoré d'un seul mot. Aujourd'hui les coryphées de l'exagération libérale se montrent fiers, et presque jaloux des flétrissures de Thémis. En vain la société, par la voix du juri, a-t-elle prononcé la condamnation d'un écrivain qui souvent, pour un mince profit, s'est fait l'agresseur du gouvernement, de la morale ou de la religion : la faction ultrà-libérale avait prononcé d'avance son absolution et des récompenses; la caisse du parti est là pour acquitter les amendes, et pour dorer les chaînes du libelliste puni par la loi. Ainsi l'esprit de parti dégrade la bienfaisance; et ici l'hypocrisie n'est plus un hommage à la vertu, c'est un tribut payé au vice qu'elle encourage.

Combien de pareilles manœuvres ne décèlent-elles pas de vues profondes! Ce sont des ennemis bien dangereux que ceux qui les emploient, sans jamais se compromettre, ni courir aucun péril personnel; mais fussent-

ils moins habiles, ils trouveraient des auxi-
liaires dans les ultra-royalistes, qui rendent
les libéraux d'autant plus dangereux, qu'ils
sont eux-mêmes plus imprudens. Un homme
monarchique n'émet pas un vœu contraire
à la Charte, que vingt libéraux ne soient là
pour prendre acte et pour faire tourner ce
regret impuissant à l'appui de ce système
de dénigrement et de calomnie qui consti-
tue le plus redoutable moyen de leur parti.
Électeurs, écoutez leurs agens ; l'approche des
élections a redoublé leur zèle et leur activité.
Ils se multiplient dans vos cantons pour vous
obséder. Avec quelle conviction apparente ils
répandent parmi vous les bruits les plus ab-
surdes afin de vous effrayer sur les vues ulté-
rieures du gouvernement ! A les entendre, les
émigrés vont rentrer dans leurs biens ; on va
rétablir les dixmes, les corvées, les lods et
rentes seigneuriales. Ah ! rendez assez de justice au sage Roi qui nous gouverne pour n'en
rien croire ; et si, par une supposition heureu-
sement impossible, un pareil dessein entrait
dans son âme, il ne pourrait l'entreprendre
sans exposer son trône à un nouveau renver-
sement, et son peuple à une guerre, dont
toutes les chances seraient contre les prêtres
et contre la noblesse.

Électeurs raisonnables et modérés, propriétaires paisibles de biens-fonds garantis par la Charte, persuadez-vous que ceux qui répandent parmi vous ces alarmes, avec un intérêt affecté pour vous, sont vos ennemis tout aussi bien que ceux dont les espérances accomplies consommeraient votre ruine.

Electeurs royalistes, examinons maintenant les titres du candidat qui doit sortir de vos rangs. Je le vois d'ici, et, si j'ose me servir de cette expression, il siége à votre extrême droite.

Avant de lui donner vos suffrages, informez-vous si, malgré son amour pour le Roi, il a eu la générosité de lui pardonner le don de la Charte. Sachez si la fidélité de ce loyal gentilhomme envers son prince, n'est pas par trop exigeante de grâces et de récompenses. Enquierrez-vous encore s'il ne verrait pas le gouvernement du monarque dans une cour qui serait opposée à la Charte, plutôt que dans un ministère investi de la confiance de S. M.; et responsable devant le monarque et les chambres? Cet homme, enfin, n'a-t-il pas provoqué des destitutions injustes ? Est-il l'ami des jésuites et l'ennemi de l'instruction du peuple?

Si ce brave royaliste est tout cela : n'hésitez point à lui dire : « Je vous estime, je vous respecte même; mais touchez-là, vous n'aurez pas ma voix. Vous avez toutes les vertus de l'homme privé , mais non pas les lumières du législateur. Ce défaut de lumières vous conduit à votre insu à la passion , à l'exagération, et gâte chez vous le caractère le plus respectable. Vivez au fond de votre château, au sein de votre famille, justement considérée de vos voisins ; mais comme nous ne sommes plus sous l'ancien régime, laissez-moi , pour votre intérêt même, donner ma voix à quelqu'autre candidat qui soit mieux que vous ne me le paraissez , pénétré des vues profondes et conciliantes qui ont dicté la Charte à Louis XVIII. »

Pour être législateur en effet il faut plus que d'estimables qualités privées, il faut la sagesse et les lumières de l'homme d'Etat. Tel homme qui, il y a quarante ans était à l'égard de ses vassaux, le seigneur le plus doux et le plus bienfaisant , a aujourd'hui de très-légitimes motifs de regarder de mauvais œil les paysans qui ont acheté à la nation les terres de son château ; il peut désirer de les recouvrer sans cesser d'être un particulier très-recommandable. Mais s'il entrait dans la chambre des députés, sans avoir fait dans son âme le magnanime sacrifice de ses ressentimens, de ses regrets et de ses désirs, il serait assurément un fort mauvais législateur.

Il n'est pas de profession si relevée comme si modeste, pour laquelle il ne faille une aptititude

quelconque. O vous électeurs! qui enrichissez
notre beau pays par la culture de vos terres, ou
par le soin de vos troupeaux, dites-moi si, sur la
seule recommandation qu'il est un homme fi-
dèle et religieux, vous confierez vos charrues
ou vos beliers aux soins d'un fermier ou d'un
pasteur inhabile? Non, certainement. Vous lui
diriez : « Mon ami, c'est fort bien d'avoir de la
probité et d'aller à la messe ; mais avant d'entrer chez moi, apprenez votre métier. » L'ennemi serait à nos portes : le Roi ferait un appel
à ses sujets pour défendre nos frontières, il
lui faudrait sur le champ et des fantassins habiles au maniement des armes, et des cava-
liers tout formés pour l'escadron, je vous le
demande, à moins d'être inepte ou traître,
le ministre de la guerre irait-il ne donner
des fusils et des chevaux qu'à des vieillards
décrepits, sous pretexte qu'il n'aurait rien à
objecter contre leur dévouement et leur fidélité?

Et ces garanties d'aptitude et d'expérience
acquise, qui sont indispensables dans les affaires même les plus communes, vous les
négligeriez, électeurs, quand il s'agit de
donner des législateurs à la France.

La première vertu de l'homme qui fait des
lois, est la modération et la prévoyance. Il
doit voir le fort et le faible des évènemens :

il doit surtout s'y soumettre quand ils sont plus forts que les hommes. S'il regarde dans le passé, ce n'est point pour y ressasser des souvenirs importuns et des regrets coupables par leur imprudence, c'est afin d'y trouver des leçons impartiales, et qui puissent servir à tous les temps. S'il s'occupe du présent, c'est pour consolider les biens qu'il a amenés, sans lui demander ceux qui sont perdus sans retour.

Vous ne contesterez point, électeurs, l'extrême évidence de ces vérités. Dans cette heureuse hypothèse, il est donc certain que vous vous réunirez pour ne pas donner vos suffrages aux hommes, qui, en 1789, comme en 1814, en 1815, comme en 1821, ont prouvé que, malgré, leur loyauté et leurs louables intentions, ils ne sauraient jamais saisir et comprendre les nouveaux élémens de puissance et d'amour que le progrès des siècles a fait naître et ménagés pour le salut des antiques dynasties.

Après avoir avec impartialité donné l'exclusion aux candidats de l'une et de l'autre exagération, sur qui ferez-vous tomber vos choix, électeurs modérés de tous les partis ?

La réponse est facile : sur des hommes modérés, comme vous mêmes.

Mais j'entends d'ici des électeurs, qui mal-

gré une légère nuance d'opposition ne sor-
tent jamais des limites d'une sage liberté, et
qui s'écrient : « Donner nos voix à des modérés, c'est risquer de nommer des ministériels
complaisans. Que diraient les hommes déci-
dés qui marchent à notre tête? Ils prétendent
que le parti des modérés, est le parti des
hommes qui ne sont d'aucun. »

Faut-il que sous une génération qui se
dit sage par excellence, et qui devrait être
éclairée par trente années de révolutions
et de malheurs, tant de gens dont on ne
peut suspecter les intentions, et même les
lumières, ne puissent se défendre de pré-
ventions, contre une vertu politique, aussi
essentielle que la modération? Faut-il qu'elle
soit regardée comme un travers, et presque
comme un ridicule que le respect humain
force à dissimuler? En effet, des gens vous
disent hautement : Je suis plus royaliste que
le Roi; d'autres reprennent : Je suis plus constitutionnel que lui; mais personne n'ose dire :
Je suis modéré; car cette qualification se tra-
duit bien vite en celle de *ministériel.*

Les deux factions bien exagérées, qui ex-
ploitent à leur profit le domaine de l'opinion
publique en France, se sont emparées de toutes
les tribunes, de toutes les chaires publiques,
et de tous les écrits périodiques. Ces factions

parlent et se répondent : à des discours exagérés dans un sens, succèdent des paroles qui
ne le sont pas moins dans un autre ; et au
milieu de ce conflit, l'opinion publique toujours invoquée n'est jamais éclairée ; et le
parti de la modération qui se compose de
l'immense majorité des citoyens jaloux de
vivre en repos à l'abri du trône et des lois,
ce parti respectable qui n'est autre chose que
la nation, est le seul qui ne trouve point d'organes.

Si, parfois un orateur, un écrivain modéré;
puise dans son patriotisme assez de courage
pour lutter contre l'une et l'autre exagération, aussitôt les deux factions se coalisent
afin d'étouffer sa voix, et de repousser ses
paroles de paix, comme l'expression de la
nullité complaisante envers le pouvoir. Ainsi
dans les premiers temps de l'Eglise, la vanité
des vertus païennes repoussait l'humilité des
vertus évangéliques. Les modérés sont les
martyrs de l'esprit de parti.

En vérité il faut aujourd'hui plus de courage pour se dire modéré que pour attaquer
outrageusement, soit un parti, en ména-
geant l'autre, soit même le gouvernement du
Roi.

Les ennemis de la paix et de la modération, abusant des leçons de l'histoire, nous

répètent depuis huit ans dans maintes brochures que la modération fut une vertu proscrite dans les anciennes républiques. Ils citent à tout propos la loi rendue par Solon, législateur d'Athènes, qui ordounait qu'au milieu des dissention publiques, chacun prît parti pour l'une ou pour l'autre faction.

Les précepteurs d'exagération ignorentils qu'Athènes elle-même offrait un parti de modérés, qui sut réprimer tour à tour et la faction des démocrates qui voulaient gouverner par l'agitation et le désordre une multitude déchaînée, et celle de quelques oligarques qui, afin d'arriver au pouvoir, voulaient détruire la liberté publique? Ce parti était composé des citoyens qui, comme vous, électeurs, devaient à leur industrie une honnête aisance, et à l'éducation assez de lumières pour discerner l'intérêt de l'Etat, et pour ne pas être trompés par les ambitieux de haut et bas étage.

Electeurs modérés de toutes les opinions, n'est-ce donc pas prendre un parti, que de lutter, ainsi que vous l'avez fait depuis trente ans, contre les excès de toutes les factions rivales, et surtout de se préserver soi-même de ces excès ? Les hommes capables de tenir une pareille conduite manquent-ils donc de courage et de patriotisme ? Au lieu de consulter de menteuses brochures, ouvrons l'histoire des temps passés, et nous y verrons que dans toutes les révolutions des empires, ce sont les hommes de la modération qui ont été le refuge des factions tour à tour vaincues; que ce sont eux qui, seuls et toujours, ont pu fermer l'abîme de ces cruelles révolutions.

Mais, sans remonter aux siècles passés, qu'on me dise si les hommes qui, depuis les états-généraux, ont pris une part honorable et par conséquent modérée aux évènemens de notre révolution, n'ont pas montré autant et plus de talent et de courage que les chefs de la Gironde et de la Montagne ! Ces hommes voulaient concilier les libertés publiques avec les garanties d'un gouvernement fort : ils auraient réussi, même avant la Charte, sans l'exagération des deux partis extrêmes qui se sont formés depuis trente ans, et qui ont vieilli jusqu'à ce jour avec leurs passions et leurs erreurs. Ces hommes de la raison et de la paix étaient placés entre ces deux partis, comme il serait à désirer que leurs successeurs se plaçassent encore aujourd'hui, et avec la même énergie. Ils combattaient entre deux feux, et avec d'autant plus de désavantage, qu'abandonnés par un gouvernement sans force, ils n'étaient soutenus que par les vœux isolés de quelques sages. En un mot, ils n'avaient pour appui que la conviction du bien public et l'enthousiasme de la vertu.

Les factions ont beau décrier la modération, elles en sentent si bien la force et le prix, que les hommes de parti les plus violens, pour peu qu'ils soient habiles, affectent cette modération dans les formes de leurs discours et de leurs écrits. Au milieu des débats de la tribune, une attaque, quelque injuste qu'elle soit, portée à l'adversaire, acquiert du poids, et mérite d'être réfutée, du moment qu'elle est présentée avec urbanité. Ministre, je me féliciterais des diffamations grossièrement calomnieuses de ce député - magistrat dont le nom est devenu synonyme de calomnie; mais je ne m'accoutumerais pas volontiers aux ironies amères, mais toujours polies, du spirituel seigneur d'Ermenonville.

Electeurs constitutionnels et royalistes, je n'insiste sur ces réflexions que pour vous faire sentir que sans la modération dans vos choix, vous ne répondrez point dignement aux besoins de la patrie et du trône.

En vérité, il y a de votre part, une étrange abnégation à ne pas regarder d'abord parmi vous, tout près de vous, quand il s'agit d'envoyer vos mandataires à la chambre.

Electeurs royalistes , dont le zèle n'est aveugle ni passionné , que ne portez-vous vos choix sur un homme respectable qui siège au milieu de vous, et que vous reconnaîtrez tous sans que j'aie besoin de le nommer , quand j'aurais dit de lui : il a été victime de la révolution et lui a pardonné : il a jugé avec impartialité le bien que ce grand évènement a pu faire sortir du milieu de tant d'infortunes : il n'a jamais varié depuis 1814 dans l'attachement qu'il a voué à la Charte? Nommez, électeurs , en toute assurance, ce brave royaliste , il ne demandera ni destitutions, ni cathégories.

Mais, non loin de ce candidat estimable, je vois se confondre modestement dans la foule , un homme qui vous appartient, électeurs constitutionnels, et que les royalistes modérés ne repousseraient pas sans doute. Attaché invariablement à la Charte , il a toujours été l'ami d'une sage liberté, et l'ennemi des excès. Il n'a cessé, depuis trente ans, de servir son pays, dans des fonctions que son désintéressement et sa modération ont rendues honorables. Depuis trente ans, il s'est montré constamment l'appui des citoyens paisibles, qu'ont persécutés tour à tour toutes les factions dominantes. N'hésitez pas à lui donner vos suf-

frages, électeurs constitutionnels, cet homme
là ne souffrira pas qu'on touche à la Charte.

Voilà les hommes qu'il vous faut, électeurs,
voilà ceux qu'il faut prendre dans toutes les
opinions. Du jour où une majorité ainsi composée arriverait à la chambre, les incertitudes
de la France auraient cessé, pour faire place
à la confiance en la durée du repos et de la
prospérité dont elle jouit. Le ministère pren-
drait enfin une attitude ferme, une marche
décisive. L'on pourrait condamner ou ab-
soudre son système, car il pourrait en avoir
un ; et les partis vaincus par le nombre et par
la présence des hommes de la modération
ne créeraient plus à chaque pas, pour
administration, des obstacles toujours nouveaux, sans lui laisser le temps de les vaincre.

Au reste, électeurs, notre affaire n'est pas
d'attaquer, de défendre, ou de régenter les
ministres ; mais de nommer de bons députés.

Avec de bons députés on aura toujours un
bon ministère ; de même qu'avec de bons électeurs une loi d'élections ne peut jamais être
mauvaise.

FIN.